La zorra del desierto

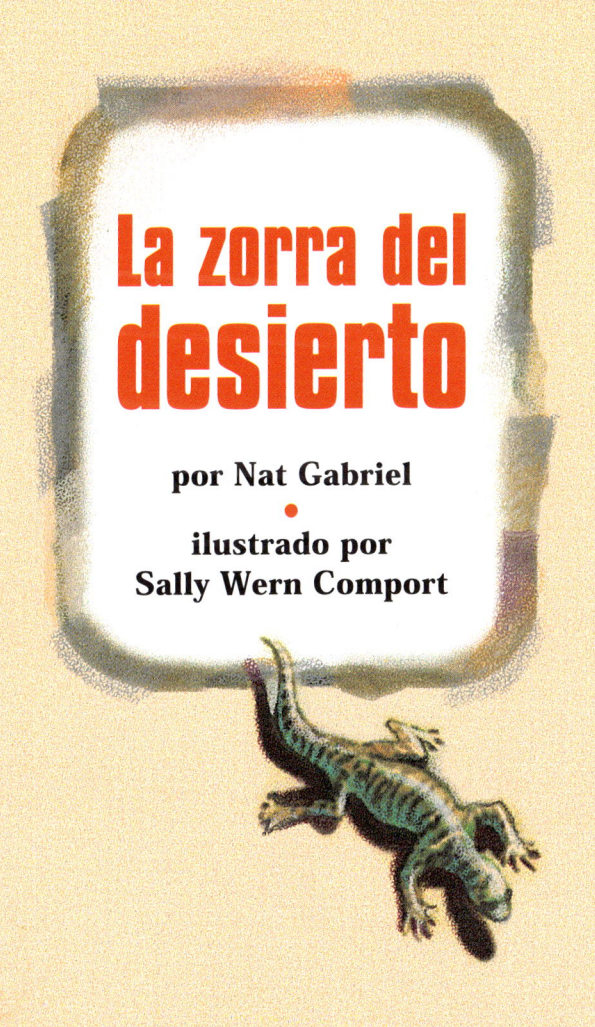

por Nat Gabriel

ilustrado por
Sally Wern Comport

Scott Foresman

Oficinas editoriales: Glenview, Illinois • New York, New York
Ventas: Reading, Massachusetts • Duluth, Georgia
Glenview, Illinois • Carrollton, Texas • Menlo Park, California

Sale el sol.

Hace calor.
¿Quién anda por ahí?
¡Mira!

La vieja zorra se levanta.
Primero asoma la cabeza.

Luego sale de la madriguera.
La zorra mira a su alrededor.
Tiene calor.

La zorra busca agua.
¡Y la encuentra!

También busca comida.
¡Y la encuentra!

Pero hace mucho calor.
No puede cazar.
No puede correr.

Es hora de dormir.
Aquí hay un lugar.
Duerme la siesta.

Pronto cae el sol.
La vieja zorra se levanta.

Ahora mira a su alrededor.
Está mucho más fresco.
¡Es hora de cazar!

Busca con las orejas.
Busca con las ojos.
La zorra ve una lagartija.

Primero se esconde.

Después mira y espera.

La zorra corre en círculos.

Atrapa a la lagartija.

Es hora de comer.
Pronto sale el sol otra vez.